Yasmin Mai-Schoger

Weihnachtswumms – Klingelingeling!

Besinnliche Gedichte rund um Weihnachten

Yasmin Mai-Schoger

Weihnachtswumms – Klingelingeling!

Besinnliche Gedichte rund um die Adventszeit

Und ist das Licht
auch noch so klein,
es soll dir ein Begleiter sein!
Es soll dir Hoffnung
und Zuversicht bringen,
möge es mild deine Seele umschlingen.
Denn ist das Licht
auch noch so klein,
es ist viel mehr als heller Schein!
Es bringt dir Freude, Glückseligkeit -
Genau was man braucht
in dieser Zeit!

© Yasmin Mai-Schoger

Bibliografische Information der Deutschen Nationalbibliothek:
Die Deutsche Nationalbibliothek verzeichnet diese Publikation in der Deutschen Nationalbibliografie; detaillierte bibliografische Daten sind im Internet über http://dnb.dnb.de abrufbar.

© 2021 Mai-Schoger, Yasmin
Herstellung und Verlag: BoD – Books on Demand, Norderstedt
ISBN: 9783754344811

1. Auflage 2021

Weihnachtswumms – Klingelingeling!

Bilder/ Illustration: Yasmin Mai-Schoger

Cover-Gestaltung: Yasmin Mai-Schoger

Inhaltsverzeichnis

*Merry Christmas ♡
♥ Frohes Fest · Jol ♥
* Fröhliche Weihnachten
Joyeaux Felíz Navídad
Noël * 24. Dezember ·
merry x- MAS *
Frohes Fest
*

Wenn still
der Schnee zu Boden fällt,
nach und nach die Lichter brennen,
wird es besinnlich auf der Welt,
das was kommt, wir alle kennen.

Ein Hoffnungsschimmer
aus Kindertagen,
Sehnsucht wir jetzt in uns tragen.
Die Sehnsucht nach Stille,
Ruhe und Frieden,
erwartungsvoll wir dem Zauber erliegen.

Besinnlich kommt die Zeit daher
und manchem wird
das Herz ganz schwer!

Eine schöne Zeit! Eine gesegnete Zeit!
Wehmut und Hoffnung
machen sich breit!
Das Licht des Glaubens soll uns leiten,
Freude soll die Zeit uns bereiten!

Hört die Glocken, wie schön sie klingen,
freut euch der Lieder,
die die Chöre singen.
Seht nur den Schein
der flackernden Kerzen -
lasst den Frieden in Eure Herzen!

Genießt jeden Tag und jede Stunde,
genießt den Moment und jede Sekunde!
Möge der Zauber euch täglich begleiten,
möge die Zeit euch Freude bereiten!

Schneebedeckt
der hohe Norden,
überall zieht Kälte ein,
kühl und frostig
ist es geworden,
man bleibt zu Haus',
man bleibt daheim.

Es friert der Fluss,
es fällt der Schnee,
man freut sich über Plätzchen und Tee.
Endlich ist es wieder so weit,
oh du schöne Weihnachtszeit!

Von der Oker bis zur Elbe,
überall ist es dasselbe:
Es brennen die Kerzen
mit hellem Schein,
freut euch,
es wird bald Weihnachten sein!

Noch wenige Tage,
bald ist es soweit,
es naht die schöne Weihnachtszeit.
Gefüllt mit Lichtern, Liedern,
grünem Zweig,
vier Kerzen, rot, schön aufgereiht.

Alles erleuchtet und herrlich geschmückt,
so diese Zeit uns're Herzen verzückt.
Wir blicken zurück, die Kindheit so nah,
es war uns, als wenn es gestern erst war.

Es riecht nach Zimt, was für ein Duft,
auch Nelke und Apfel hängt in der Luft.
Glocken läuten, Kinder lachen,
das alles lässt unsere Herzen erwachen.

Man muss nur schauen, riechen, lauschen
dann wird die Zeit die Seele berauschen.

Weihnachtszeit, schöne Zeit,
seht nur wie es strahlt,
Licht an jedem Haus nun scheint,
es schillert, wie gemalt!

Weihnachtszeit, stille Zeit,
hört nur wie es klingt,
wunderschöne Melodie
Jedermann jetzt singt!

Weihnachtszeit, Herzens-Zeit,
fühlt nur wie es schwingt,
alles grad harmonisch ist
und vor Freude springt!

Weihnachtszeit, Essens-Zeit,
seht nur wie es schmeckt,
Braten steht auf jedem Tisch,
Finger man sich leckt!

Weihnachtszeit, Familienzeit,
alle sind vereint,
kommen nun von nah und fern,
jeder gern erscheint!

Weihnachtszeit, Bastel-Zeit,
jeder wird bedacht,
Sterne, Kekse, Lichterkranz,
alles selbst gemacht!

Weihnachtszeit, düst're Zeit,
für den, der ganz allein,
traurig sitzt, wer niemand hat,
einsam jetzt daheim.

Weihnachtszeit, dunkle Zeit,
ohne Trost und Freud,
schenke dir ein Lächeln gern -
morgen und auch heut!

Weihnachtszeit, Wünsche-Zeit,
für den, der ist allein,
möge auch die schwerste Zeit,
bald zu Ende sein!

Weihnachtszeit, Wende-Zeit,
aus dunkel wird nun hell,
das Jahr ist nun zu Ende dann,
Frühling kommt ganz schnell!

Milde stimmt uns diese Zeit,
in der die hellen Lichter brennen.
Weihnachtsstimmung macht sich breit,
das Gefühl wir alle kennen.
Rote Kerzen sind entflammt,
Lichter schwirren durch die Nacht,
die Seele uns're Hoffnung bannt,
und die Sehnsucht wird entfacht.
Der Wunsch nach Frieden, Liebe, Stille
in uns wächst, keimt und gedeiht -
der Duft nach Apfel, Keks, Vanille,
der Zeit Besonderes verleiht.
Besonders ist sie, diese Zeit,
Weihnachtsstimmung macht sich breit.

Endlich! Wie schön!
Der erste Advent!
Ich hab' ihn erwartet,
diesen schönen Moment!
Nun fängt sie an, die besinnliche Zeit,
der Zauber der Weihnacht macht sich
überall breit!

Egal wo man hinschaut,
nur glitzerndes Funkeln,
die Lichter, sie leuchten
und glänzen im Dunkeln.

Entflieht der heutigen Hektik der Zeit,
genießt die schöne Weihnachtszeit!

Gemütlich wird's zum ersten Advent,
draußen liegt Schnee, die Kerze brennt.
Es riecht nach Plätzchen, Zimt und Nuss,
lecker, welch' ein Hochgenuss!

Lasset uns ganz kurz verweilen,
nicht nur rennen, laufen, eilen!
Vergesst den Sinn des Festes nicht -
Stress und Hektik war es nicht!

Genießt die schöne Weihnachtszeit,
Licht und Wärme macht sich breit.
Besinnt euch, macht die Kerze an,
erinnert euch, wie es begann.

Der erste Advent! Weihnachten naht,
euch die Freude darüber bewahrt!

Ich hab ihn erwartet
den ersten Advent.
Erhofft, ersehnt, den stillen Moment.

Das erste Licht –
ein Hoffnungsschimmer,
ein Lichtblick, ein Leuchten
in jedem Zimmer.

Die Kerze erhellt den ganzen Raum,
in Bälde auch den Weihnachtsbaum.

Noch ist es nur ein einziges Licht,
und doch es schon das Dunkle bricht.

Entzündet
heut' das erste Licht,
lasst ihn leuchten den hellen Schein.
Funkelnd er das Dunkle bricht,
lasst ihn in euren
Herzen sein.

Wie traurig viele zur Weihnachtszeit,
trotz vieler Lichter,
kein Licht weit und breit.

Wie einsam so mancher in seinem Leid,
so viele Menschen, doch keiner hat Zeit!

Wie allein sind die „Alten",
trotz Familie so nah,
wenn sie einsam sind, ist keiner da!

Wie still der Schnee zu Boden fällt,
dem, der es hört, meist nicht gefällt.
Denn wer den Schnee so hören kann,
der ist allein, kein Freudenklang!

Wie still das Zimmer
in der Heiligen Nacht,
wenn niemand ein Geschenk gebracht.

Wie traurig,
wenn fehlt der Duft von Braten,
wie traurig, wenn jemand
muss immer nur warten.

Ein Fest der Liebe? Es früher mal war -
kein Licht! Keine Zeit! Nur Stille ist da!

Ganz hinten am Himmel,
siehst du es nicht?
Da scheint auch für dich
ein kleines Licht.

Nimm es nur an, lass es herein,
dann musst du nie wieder alleine sein!
Die Dunkle Zeit geht schnell vorbei,
es kommt bald der Frühling,
der warme Mai!

Es ist ein Moment der dunkel ist,
der Rest des Jahres Dich nicht vergisst!
Es ist ein Tag, ein kurzes Gefühl -
steh auf! Schnauf durch!
Rein ins Gewühl!

Ins Gewühl des Lebens,
sei tapfer, sei stark!
Genieß' den Moment, genieße den Tag!
Sieh nicht zurück! Schau stets ins Licht,
Sei hier im Jetzt, voller Zuversicht!

Liebe Kinder groß und klein,
will heut' euer Gast mal sein
Hab geschaut das ganze Jahr,
wer da brav und artig war!
Gute Kinder sind im Haus',
drum hol ich meine Gaben raus!
Wer mag mir ein Sprüchlein sagen?
Oder mir ein Lied vortragen?
Liebe Kinder, kommt heran,
damit ich besser hören kann!

Liebe Kinder, vielen Dank!
Für Gedicht, Spruch und Gesang!
Genießt die schöne Weihnachtszeit,
mit Nüssen, Äpfeln, Heiterkeit.

Komme gerne zu euch wieder,
freu mich auf die schönen Lieder,
seit weiterhin so brav und fromm,
denn nur dann ich wieder komm!
Tragt hinaus das Kinderlachen,
alle soll es glücklich machen!
Alle Menschen, groß und klein,
sollen heute fröhlich sein.

Gesegnete Weihnacht,
Hoffnung und Frieden.
Ein schönes Fest, im Kreise der Lieben.

Jahr für Jahr kommst du vorbei,
den großen Sack hast stets dabei -
roter Mantel, weißer Bart,
zerzaust dein Haar noch von der Fahrt -
die Stiefel schwarz, fast bis zum Knie -
auch die Rute vergisst du nie.

Das Glöckchen klingelt, läutet, schwingt,
es Frieden und Freude zu uns bringt.
Ein Jeder dich gerne hört und sieht,
weil es von je her so geschieht.

Wir freu'n uns, wenn du zu uns kommst,
enttäuscht und traurig wär'n wir sonst!
Egal ob jung, alt oder Kind
wir alle ja gekommen sind
um heute mit dir zu feiern, zu singen
wollen Gedichte und Lieder dir bringen.

Ich bring' dir Ischler, Strietzel, Schnitten,
musst mich gar nicht lange bitten.
Non Plus Ultra auch dabei,
von den Kipferln sogar drei!

Als Dank, weil du gekommen bist
damit du uns auch nicht vergisst!

Wenn ich mir noch was wünschen darf?
ALLE HIER war'n wirklich brav -
bring' uns Ruhe, Stille, Frieden,
DAS ist was wir alle lieben.
Lass uns froh und munter sein,
bring Glaube und Licht in unser Heim!

Ich freu' mich schon auf's nächste Jahr -
glaub'mir,
ICH bin wieder da!

Der Nikolaus, der hat es schwer -
mit Sack und Pack kommt er daher.
Doch niemand schätzt mehr seine Gaben,
immer mehr woll'n alle haben!

Wertvoll, teuer, schick und fein -
immer größer muss es sein.
Man fragt sich schon, was das nur soll -
die ganzen Schränke sind doch voll.

Jeder hat im Überfluss,
doch damit ist nun wirklich Schluss!
Ja, so denkt der dicke Mann -
er es nicht verstehen kann.

Im nächsten Jahr bleibt er zu Haus',
fährt nur noch gute Worte aus.
Schokolade, Apfel, Nuss -
mehr er doch nicht bringen muss.

Ein paar Kekse, frisch gebacken,
darf man gern dazu noch packen.

Es reicht das ANEINANDER DENKEN,
man muss nicht immer gleich
was schenken.

Und muss es eben doch mal sein,
dann halt das Päckle bitte klein.

Entzündet
heut' das zweite Licht,
flackernd es den Raum erhellt,
nun bald die schönste Zeit anbricht,
Wohlbehagen uns befällt.
Ganz gemächlich, ganz ganz sacht,
nähert sich die Weihnachtsnacht.
Langsam, langsam noch ist Zeit,
noch sind die Kerzen
nur zu zweit.

Ich hab ihn erwartet
den zweiten Advent.
Wie schön, dass nicht eine
alleine brennt.
Zwei leuchten doch
viel schöner als eine,
drum leuchtet eine
nicht alleine.
Schon bald sich eine
dazugesellt -
dann es sich noch mehr
erhellt.

Bald,
schon bald
ein Lichtlein mehr,
es leuchtet hell der helle Schimmer,
denn es weihnachtet schon sehr,
Lichterglanz in jedem Zimmer.
Es naht wohl dann
die schönste Nacht,
in ihrer ganzen Lichterpracht.

Rot! Hell!
Es flackert ein Licht,
endlich die schönste Zeit anbricht!
Behaglich, gemütlich, DAS ist Advent!
Und nun schon die zweite Kerze brennt.

Nachdenklich stimmt uns die dunkle Zeit,
doch Lichter sorgen für Helligkeit!
Funkeln, Leuchten, Glitzer und Glanz,
ein bisschen Grün, ein schöner Kranz,
ein leuchtender Stern,
der geschmückte Baum,
hell erleuchtet ist jeder Raum.

Der Schein, er dringt direkt
in die Herzen.
ein Wunder verbringen
Lichter und Kerzen!
Für eine Stunde, für einen Moment,
sind wir fröhlich - besinnlich -
DAS ist Advent!

Süßer Duft durchzieht das Haus,
nach Nelken, Ingwer, Zimt -
oh, du herrlich Weihnachtsschmaus,
die schönste Zeit beginnt!

Gelbes Gold ihm innewohnt,
mal herzig und mal rund,
obenauf der Zucker thront,
ein Hochgenuss im Mund!

Schon Gretel konnt' nicht widersteh'n -
verziert mit Mandeln, Schoko, Nuss -

ich kann ja auch nicht weiter geh'n,
ihn einfach essen muss!

Genieß das erste Herz noch warm,
noch ohne weiße Zierde,
schon schwelg ich in der alten Zeit,
ich kenne die Begierde.

Ein Herz schenk ich den Liebsten nur,
bringt Glück und schmeckt vorzüglich,
wer dieses isst, braucht keine Kur,
ist lustig und vergnüglich!

Rote Mütze, weißes Haar,
rat' mal, wen ich heute sah'.
Es war ein ziemlich dicker Mann,
er hatte einen Mantel an.
Sein Bauch war dick und kugelrund,
flauschig, bärtig um den Mund.

Und schwarze Stiefel trug er auch,
ein breiter Gürtel umrahmte den Bauch.
Er hielt 'nen Sack in seiner Hand,
lachend er da vor mir stand.

Er holte Luft und sagte dann,
dass er im Herbste sich besann,
drum fehlt im Sack die süße Nuss
und auch der Keks mit Schokoguss.

Auch fehlt im Sack der Nikolaus,
den schmiss er gestern Abend raus.
Was hat er denn in seinem Sack?
Was trägt er für uns Huckepack?

Er schenkt uns Frieden, Liebe, Zeit
und ein Leben ohne Streit.
Gesundheit auch für Jedermann,
damit man es genießen kann.
Ein schönes Geschenk, ich danke ihm
und lass ihn fröhlich singend zieh'n.

Drei Kerzen
leuchten, scheinen, funkeln -
die Flammen flackern und flimmern
im Dunkeln.
Sie bringen uns Licht in unser Haus,
jede Ecke leuchten sie aus.
Sie mahnen und erinnern daran,
jetzt ist's nicht mehr ganz so lang.

Leuchte! Scheine! Bring' uns Licht -
Gib' uns Hoffnung, gib uns Sicht!
Sicht auf das, was wirklich wichtig,
zeig uns das, was gut und richtig.
Kerzenduft erfüllt den Raum,
der Tag, er naht - man glaubt es kaum.

Nun fehlt noch eine auf dem Kranz,
bis zum großen Lichterglanz!

Drei flackernde Kerzen
auf grünem Zweig,
ich sitze daneben - staune und schweig!

Wie schnell doch wieder die Zeit vergeht,
das Christkind demnächst
vor der Türe steht!

Die Vierte wartet
auf's zündende Licht,
bald die festliche Zeit anbricht!

Geduld, Geduld - es kommt die Zeit,
die vierte Kerze steht schon bereit!

Riecht wie es duftet, seht wie es scheint,
zum dritten Advent alle Sinne vereint.

Noch ist Zeit, die Zeit zu genießen,
die Vierte wird den Kreis dann schließen.

Bis dahin drei Kerzen auf grünem Zweig,
ich sitze daneben - staune und schweig!

Ich hab ihn erwartet
den dritten Advent -
erfreu' dich am Licht,
genieß' den Moment.

Drei flackernde Kerzen
am grünen Kranz,
welch' zuckender,
züngelnder Lichtertanz.

Erwarte die Vierte mit Zuversicht,
voller Hoffnung das tanzende Licht.

Der zuckende, züngelnde Lichterschein
soll heute dein Begleiter sein.

Entzündet
heut' das dritte Licht,
genießt den weihnachtlichen Klang,
die Zeit voll Hoffnung, Zuversicht,
umrahmt von Sehnsucht und Gesang.
Es sind der Kerzen drei entflammt,
und bringen Licht ins
ganze Land.

Endlich Kerze Nummer drei,
kommt mit ganz viel Licht herbei -
fehlt noch eine bis zum Schluss,
leider ich noch warten muss!

Suche nach Geschenken noch,
schau in jedes Mauseloch!
Grüble, denke, recherchiere,
oft dabei die Zeit verliere!

Walze, knete, backe, rühre -
ich den Weihnachtszauber spüre -
hänge, schmücke, dekoriere,
alles um mich rum verziere.

Habe auch an dich gedacht -
Etwas Schönes dir gemacht!
Hab' gebastelt und geschrieben,
gemalt, gedichtet für die Lieben.

Leg' die Weihnachtslieder rein,
schenke mir nen Glühwein ein,
gemütlich geht's zum letzten Licht -
ein Lächeln huscht mir ins Gesicht.

Wenn die Weihnachtszeit beginnt,
freu ich mich, wie jedes Kind.

Man nimmt die Menschen anders wahr,
es ist die schönste Zeit im Jahr!

Eine Botschaft ich noch schicke,
freundlich zu dir rüber nicke:
Wenn die dritte Kerze brennt,
ist vorbei bald der Advent!

Lass' genießen uns die Zeit,
vierte Kerze steht bereit!

Nur eine fehlt,
dann sind es vier,
sie leuchten hell mit ganzer Kraft
doch auch schon drei gefallen mir -
sie lodern, flackern zauberhaft.
So lasst sie strahlen, funkeln, hell sein,
bringt ins Dunkle ganz viel Licht,
denn der Schein bringt uns den Glauben,
Hoffnung und auch
Zuversicht.

Ich
hab ihn erwartet
den vierten Advent -
ein Hauch uns nur
vom Christfest trennt.
Endlich kehrt nun Ruhe ein.
Stille! Frieden! Kerzenschein!
Die Engel stehen schon bereit,
genießt die schöne
Weihnachtszeit!

Entzündet heut
das vierte Licht,
das letzte auf dem grünen Kranz -
prunkvoll, schön
und trotzdem schlicht,
umgeben hell vom Lichterglanz.
Genießt die Zeit,
die so schnell schwindet,
genießt den hellen Lichterschein,
der Schein, der alle wohl verbindet,
wird „morgen" schon
zu Ende sein.

Im Schein der vierten Kerze,
schau ich den „Kleinen Lord",
der kleine blonde Cedric,
trägt mich behutsam fort!

Behutsam, sachte - trägt er mich,
in meine heile Welt,
es dauert gar nicht lange,
bis sie dann endlich fällt!

Es fällt die eine Träne,
die tief im Herzen wohnt,
ich freue mich, wenn ich ihn seh,
werd jedes Jahr belohnt!

Und weil es stets das Gleiche ist,
vorhersehbar, vertraut -

man hofft, dass es auf ewig bleibt,
man immer wieder schaut!
Man hofft, dass stets das Gute siegt,
im Film und auch „in echt" -
das Leben oft verwirrend ist,
da wär' es nur gerecht!

Für einen kleinen Augenblick,
ist meine Welt intakt.
Ich fühle mich zurückversetzt,
in Watte auch gepackt!

Es flackert und es leuchtet,
ein letztes Mal für heut',
es scheint für alle Menschen hell,
für jeden, den es freut!

Jetzt dauert's gar nicht lange mehr,
der Abend langsam naht,
er kommt mit schnellem Schritt daher,
hab alles schon parat!

Ich puste dann die Kerzen aus,
erfreu mich an dem Duft,
man kann den Abend kommen seh'n,
es liegt was in der Luft.

Vier Kerzen stehen in vollem Schein,
vier Kerzen,
es muss wohl Weihnachten sein!
Der Schein der Kerzen verzaubert mich,
die letzte macht es weihnachtlich -
gemeinsam sie jetzt Freude bringen,
lasst uns staunen, lasst uns singen.

Der Zauber der Weihnacht ist endlich da,
so still, so schön, so wunderbar.
Ein kleiner Moment, ein Augenblick,
einen Tag lang ganz im Glück.

Ein Tag steht die Welt nun still,
für jeden der es wirklich will.

Hört die Glocken, wie schön sie klingen,
heut' sollen wir feiern,
lachen und singen!

Gesegnete Weihnacht' für alle Leut',
Frieden und Freude für jeden heut'!
Freut euch, ganz egal wo ihr seid,
genießt die schöne Weihnachtszeit!

Möge das Licht
für dich heut' funkeln,
flackern, schimmern
und leuchten im Dunkeln.
Mögen die Glocken dein Herz erreichen,
nimm es als ein Hoffnungs-Zeichen.
Mögen die Chöre für dich heute singen
und dir gesegnete Weihnachten bringen!
Mögen meine Gedanken
heut' bei dir sein,
sie sprechen zu dir
im Kerzenschein!

Alle Kerzen
brennen am Baum,
warmes Licht durchflutet den Raum,
süßer Duft durchzieht das Haus,
im Ofen schmort der
Weihnachtsschmaus.
Die Glocken läuten, der Abend nah,
seit jeher er einfach zauberhaft war.
Endlich, endlich ist es soweit -
besinnt euch kurz und macht euch bereit.
Öffnet die Herzen,
baut Brücken und Türen,
lasst euch verzaubern, ergreifen,
berühren.
Besinnt euch kurz und macht euch bereit,
denn heute ist es endlich soweit.

Heute endlich, die Heilige Nacht,
alles steht in voller Pracht.
Der Weihnachtsbaum ist dekoriert,
alles leuchtet, ist schön verziert.

Ruhe kehrt ein
nach den stressigen Tagen -
Ruhe, die alle verdient sich haben.

Es sind die schönsten Tage im Jahr,
schon seit jeher es so war.
Ruhe, Stille und der Frieden,
das ist es, was wir so lieben!
Anderen eine Freude machen,
schenken - tausend schöne Sachen.
Weihnachten ist endlich da,
ich denk an dich und bin dir nah.

Das größte Geschenk soll dich ereilen:
Gesundheit und Glück, in großen Teilen.
Genieße die Tage, die jetzt kommen -
sei munter, fröhlich und besonnen.

Heute ist er endlich da,
der Heilige Abend, wie jedes Jahr!
Vier Kerzen sind nun abgebrannt,
man war bis jetzt ganz angespannt.
Der Baum ist liebevoll geschmückt,
das Licht der Kerzen dich verzückt -
lieblicher Duft durchzieht das Haus,
man freut sich auf den
Weihnachtsschmaus.

Die Kirche spielt die alten Lieder,
man hört sie gerne, immer wieder.
Jemand hat an dich gedacht,
vielleicht dir ein Geschenk gemacht.
Schließ die Augen, genieß den Moment -
so lange funkelnd die Kerze brennt!

Lasse dich vom Zauber treiben,
möge heut' der Glamour bleiben.
Dein Herz soll heut' vor Freude springen,
wenn wir von den Engeln singen.
Spüre die Wärme, schau in das Licht -
höre welch' freundliche Worte
man spricht!

Ein Gruß für dich von ganzem Herzen -
Genieße den Tag und das Flackern
der Kerzen.
Gedanklich bin ich grad vor Ort -
ich denk an dich, du hast mein Wort!

Ich wünsche dir ´ne schöne Zeit -
Gesundheit, Glück, Zufriedenheit!
Ich freu mich auf ein Wiederseh'n,
die Welt bleibt heute für dich steh'n!

Ein schöner Brauch,
wer hätt's gedacht-
herrscht auf der Achalm,
zur Heiligen Nacht.

Wer dort verweilt zur vollen Stunde,
so überliefert aus meinem Munde -
der nimmt das Glück
dann mit nach Haus',
zieht wohlgemut zur Welt hinaus.
Man stelle sich dort oben hin,
und nimmt sein Ziel fest in den Sinn.

Dann einfach nur die Augen schließen
und den Augenblick genießen.
Und wenn im Tal die Glocke klingt,
der Zauber auf dich niedersinkt.
Beschwingt, vergnügt kehrst du zurück,
mit dem Gefühl vom großen Glück.
Ein schöner Brauch,
wer hätt's gedacht -
dort auf der Achalm,
zur Heiligen Nacht.

Stille, Stille Nacht.
Viel stiller als gedacht.
Und doch kehrt endlich Ruhe ein,
es flackert froh der helle Schein.
Auch wenn nichts ist, wie es einst war -
du bist nicht fern, bist mir ganz nah.
Es ist die Stille, die dies vermag,
an diesem besonders stillen Tag.
Nur die Stille, die Stille und ich -
die Stille macht es weihnachtlich.
Wenn auch stiller als gedacht,
zeigt sie sich ganz in ihrer Pracht.

Was wünsche ich nur
zur Heiligen Nacht?
Ich habe lange nachgedacht!

Die 100-tausendste rote Socke?
Oder in Gold, eine kitschige Glocke?
Ein bisschen Krimskrams,
für ganz viel Geld?
Am besten gleich mehrfach,
im Netz bestellt?

Ja nichts, was einstaubt,
oder nur rumsteht
auch nichts was Platz raubt
oder gleich eingeht!

Wir haben doch alles,
uns're Schränke sind voll -
wirklich, ich weiß nicht,
was das immer soll!

Ich wünsche dir Zeit, für schöne Sachen.
Zeit zum Atmen! Zeit zum Lachen!
Und Gesundheit
wünsch' ich dir auch,
weil man gar nichts anderes brauch'.

Ich wünsche dir, dass du glücklich bist
Und „schenke mir" den ganzen Mist!

Ich schenk dir ein Lächeln
zur Heiligen Nacht,
und wünsch' dir, dass jemand
über dich wacht!
Ich schenk Dir ein Lächeln
und ein Teil meiner Zeit -
und wünsche dir
stete Zufriedenheit!

Der Stern, er leuchtet von oben herab,
auf jedes Dorf, in jede Stadt.
Er bringt Hoffnung und Zuversicht,
er wärmt die Herzen
mit seinem Licht.
Möge das Licht auch dich erreichen,
es ist ein Signal, eine Botschaft,
ein Zeichen.
Es zeigt uns den Weg, die Richtung,
den Pfad -
ein Schimmer der Hoffnung
uns allen jetzt naht!
Der Stern, er leuchtet,
bringt Wärme und Licht -
er Gnade, Erfüllung
und Segen verspricht!

Heute schon an die gedacht,
die diese Zeit nicht glücklich macht?
Viele sind jetzt ganz allein,
sitzen traurig, betrübt
und einsam Daheim.
Ein freundliches Wort,
ein Lächeln, ein Nicken -
einfach kurz in die Augen blicken.
Einfach mal fragen:
Wie geht es dir heut'?
Diese Frage wohl jeden erfreut.
Es braucht nicht viel,
um Glück zu schenken,
einfach nur mal an den anderen denken!

Dieser Engel gibt auf dich acht,
er Stund' um Stund' über dich wacht.
Er sieht nach dir, begleitet dich.
Wer ihn dir schickt? Natürlich ich!

Ich möchte, dass du glücklich bist,
sei stets vergnügt, ein Optimist.
Er passt auf dich auf, zeigt dir den Weg -
er niemals von deiner Seite geht.

Er lenkt ab heute deine Bahnen,
er wird dich schützen,
wird dich umarmen.

Er passt auf dich auf, hält Böses fern,
er wird dir ein besseres Leben bescher'n.

Ich wünsch' dir eine schöne Zeit,
voll Freude, Spaß und Leichtigkeit.

Und wenn du einmal traurig bist,
du hoffentlich niemals vergisst,
dass hier jemand an dich denkt,
und dir diesen Engel schenkt.

Die Weihnachtswichtel und „eine schöne Bescherung"

Der Weihnachtsmann fiel fast in Ohnmacht als er sah, was die Weihnachtswichtel angestellt hatten. Auf dem Geschenketisch standen hunderte, nein, tausende von kleinen roten Geschenken. Alle sahen gleich aus. Nicht wie sonst in unterschiedlicher Größe, mit unterschiedlichem Geschenkpapier und verschiedenfarbigen Schleifen. Nein, sie sahen alle gleich aus. Das war ja eine schöne Bescherung. Was hatten die Wichtel nur angestellt?

Der Weihnachtsmann hatte den Wichteln gesagt, dass sie, wenn sie mit den Geschenken fertig wären, frei machen könnten. Allerdings hatte er nicht mit der Frechheit der sonst arbeitstüchtigen Wichtel gerechnet.

Wie jedes Jahr war der Weihnachtsmann an den Nordpol gefahren, um sich dort mit dem Nikolaus zu treffen, um zu besprechen welche Kinder in diesem Jahr besonders lieb gewesen waren, damit diese dann ein ganz besonderes Geschenk erhalten würden. Und die Wunschliste der Kinder wollten sie auch anschauen. Die Wichtel sollten sich in der Zeit um die Geschenkeherstellung kümmern und die Geschenke anschließend schön verpacken. Eine Woche sollte der Weihnachtsmann unterwegs sein, wie jedes Jahr. Die Jahre davor hatte das gut geklappt - wenn der Weihnachtsmann zurück kam, waren fast alle Geschenke vorbereitet und liebevoll mit Schleife und Geschenkpapier geschmückt. Ein kleiner Anhänger hing auch an jedem Geschenk. Mit feiner, tiefblauer Tinte und in sehr schöner Schrift, hatten die Wichtel mit dem kostbaren Füller den Namen des jeweiligen Kindes auf den Anhänger geschrieben.

Doch nun stand der Weihnachtsmann vor dem riesigen Haufen kleiner, rot eingepackter Geschenke, die alle gleich aussahen. Ein Namensanhänger war auch nicht zu sehen. Der Weihnachtsmann wurde abwechselnd grün und rot in seinem sonst sehr freundlichen Gesicht. Sein weißer, langer Bart stand vor lauter Schreck in alle Richtungen ab und seine Mütze hing ganz schräg auf seinem Kopf. Dann schlug er mit der Hand auf den Tisch und pfiff einmal ganz laut auf seinen Fingern. Sofort kamen die Wichtel Wotan, Wael und Wahid angesaust. Da standen die kleinen Wichtel in ihren langen roten Gewändern vor dem Weihnachtsmann und schauten ihn mit großen Augen an. Dann wetterte der Weihnachtsmann los. Die Wichtel wussten gar nicht wie ihnen geschah, denn sie waren sich keiner Schuld bewusst. Wotan, Wael und Wahid erzählten dem Weihnachtsmann von ihrer tollen Idee. Die Wichtel waren, nachdem der Weihnachtsmann fort war, ins Internet gegangen und waren dort auf ein super

Angebot gestoßen. Über tausend rote Geschenke, hübsch eingepackt und mit einer grünen Schleife versehen. Und da haben sie gedacht, dass sie damit viel Zeit und Arbeit sparen könnten. Ganz stolz waren die kleinen Wichte. Sie konnten gar nicht verstehen warum der Weihnachtsmann sie nun so böse anschaute.

Der Weihnachtsmann hatte den Wichteln ganz ruhig zugehört, doch nun polterte er los. Seine Stimme bebte und sein Gesicht war knallrot. Und seine dicke Knollennase wackelte vor Aufregung hin und her. Wotan, Wael und Wahid standen schuldbewusst vor dem Weihnachtsmann als dieser ihnen erklärt hatte, warum er so enttäuscht war. Wie konnten sie nur glauben, dass niemand bemerken würde wenn alle die gleichen Geschenke erhalten würden. Über Jahrhunderte hatten sie sich soviel Mühe gemacht, für jedes Kind ein eigenes Geschenk zu finden. Wie groß war die Freude bei den Kindern.

Was für eine schreckliche Bescherung.

Der Weihnachtsmann verlangte von ihnen, dass sie bis zum Weihnachtsfest für jedes Kind noch ein zusätzliches Extra-Geschenk herstellten. Doch wie sollten sie das in der kurzen Zeit schaffen? In einer Woche war Weihnachten und zwei Tage würden sie schon für das Ausliefern an die Kinder brauchen. Wotan, Wael und Wahid saßen auf dem großen Stein vor dem Haus des Weihnachtsmannes und überlegten. Doch so sehr sie sich auch anstrengten, ihnen wollte einfach nichts einfallen. Langsam lief ihnen die Zeit davon. Zeit! Das war es.

Wotan hatte eine Idee. Schnell zerrte Wotan seine Wichtel-Freunde in das Haus des Weihnachtsmannes und malte ihnen seine Gedanken auf. Wael und Wahid waren hellauf begeistert! Welch schöne Idee!

Die Wichtel nahmen ihren kostbarsten Füller und schrieben mit ihrer schönsten Schrift ein paar Zeilen auf eine Karte.

Für jedes Kind der Welt eine Karte. Diese hingen sie dann an jedes Geschenk. Sie schrieben hunderte, nein tausende, nein, abertausende Karten - denn es gibt sehr sehr viele Kinder auf der ganzen Welt. Gerade noch rechtzeitig wurden sie fertig und packten in der letzten Sekunde alle Geschenke auf den Schlitten. Die vier Rentiere standen schon bereit und warteten geduldig bis auch das letzte Geschenk Platz gefunden hatte. Wotan, Wael und Wahid schauten erleichtert auf den Schlitten. Sie hatten es geschafft. Gerade als sie einmal kurz durchgeschnauft hatten, ging es auch schon los. Die Rentiere liefen so schnell sie nur konnten die Einfahrt hinunter und von dort aus direkt in den Himmel hinauf.

Der Weihnachtsmann saß vorn auf dem Schlitten und sein lautes Ho Ho Ho war bis hinunter ins verschneite Tal zu hören. Fast wären die drei Wichtel von dem Schlitten gepurzelt, so schnell fuhr der Schlitten um die Kurve. Als sie an dem ersten Haus ankamen fing es leicht an zu schneien.

Große weiße Flocken fielen auf die Erde. Wotan, Wael und Wahid nahmen drei der Geschenke von dem Schlitten und ließen sie durch den Schornstein des Hauses gleiten. Wie in jedem Jahr, war das erste Haus, das von Lilly, Leon und Lu. Sie hatten Glück, denn sie wohnten nicht weit vom Nordpol entfernt und so konnten sie als erstes ihre Geschenke auspacken.

Kurze Zeit später, als die Wichtel schon weit weit entfernt waren und den anderen Kindern ihre Geschenke brachten, wachten Lilly, Leon und Lu auf. Ihr müsst nämlich wissen, dass die Kinder am Nordpol ihre Geschenke am frühen Morgen auspacken dürfen. Lilly, Leon und Lu sprangen an den Kamin und machten sich sofort daran, ihre Geschenke zu begutachten. Sie wunderten sich noch ein bisschen über die Gaben, aber als Lilly den kleineren Geschwistern vorlas, was auf dem kleinen Anhänger in wunderschöner Schrift geschrieben stand, waren alle zufrieden. In diesem Jahr hatten die Kinder bekommen, was sie sich aus tiefsten Herzen schon immer gewünscht hatten: Zeit.

Zeit mit ihren Eltern, mit ihren Geschwistern, mit ihren Freunden. Darüber freuten sich alle Kinder auf der ganzen Welt, denn nach und nach, hatten auch die anderen Kinder ihre Geschenke geöffnet.

Und so kam es, dass es doch noch eine schöne Bescherung für die Kinder gegeben hatte und alle glücklich und zufrieden einschliefen. In ihren Träumen in der Nacht der Weihnacht träumten sie davon, was sie alles mit ihrer geschenkten Zeit machen würden.

Die Wichtel hatten alle Geschenke rechtzeitig ausgeliefert und konnten wieder an den Nordpol fahren um sich ein bisschen auszuruhen, um sich dann in der nächsten Woche wieder an ihre Arbeit zu machen. Denn wie ihr euch vorstellen könnt, dauert es ziemlich lang bis die vielen Geschenke für die vielen Kinder hergestellt werden. Und im nächsten Jahr wollten sie es ja wieder so machen wie in den vergangenen Jahren. Jedes Kind sollte sein eigenes Geschenk bekommen, jedes mit anderem Geschenkpapier und mit einer andersfarbigen Schleife.

Und für jedes Kind ein bisschen Zeit mit seinen Liebsten!

Eine besinnliche Weihnachtszeit wünscht:

C. Yasmin Mai-Schoger

Lust auf mehr?

Dann besuch mich doch einfach auf meiner
Homepage: *gedichtenichte.de*

Lied Weihnachtszeit

- Weihnachtszeit -

Übungspart.: 01.11.2018 - H.J.

Text u. Melodie: Yasmin Mai - Schoger
3 - stim. Satz: Ilse Abraham

Refrain:

S.
A.

mp

Weih - nachts - zeit, Weih - nachts - zeit, ruhig und still, er's so will

T.
B.

mp

Strophen: *(nach jeder Strophe auch Refrain!)*

S.
A.

mf

1. Las - set uns heut für euch sin - gen; euch die fro - he Bot - schaft brin - gen.
2. Bringt uns Hoff - nung, Glau - be, Lie - be, stets das Gu - te in uns sie - ge.
3. Lasst uns heu - te Chris - tus eh - ren und den Glau - ben an ihn meh - ren.
4. Bringt uns Frie - den und Ver - trau - en, lasst uns stets nach vor - ne schau - en.
5. Hei - lig A - bend jetzt ganz nah, - al - les bleibt heut wie es wahr. -

T.
B.

mf

S.
A.

1. Heu - te ist er uns ge - bor'n, da für ward er aus - er - korn.
2. Denn der Stern uns das auf - zeigt, er - nur leuch - tet, ein - fach schweigt.
3. Las - set uns die Hir - ten sein, ver - kün - den es bei Ker - zen - schein.
4. Fröh - lich sollt ihr heu - te sein, bringt hin - aus den hel - len Schein.
5. So geht in die Welt und singt: dass der Hei - land Freu - de bringt.

T.
B.

Refrain:

S.
A.

mp

Weih - nachts - zeit, Weih - nachts - zeit, ruhig und still, er's so will.

T.
B.

mp

97

Buchempfehlungen

Schmunzelstücke
Yasmin Mai-Schoger
ISBN: 9 783751 906777

Der Hausberg
Yasmin Mai-Schoger
ISBN: 9 783732289814

Harzschnipsel
Yasmin Mai-Schoger
ISBN: 9 783750 480032

Die Achalm
Yasmin Mai-Schoger
ISBN: 978-3-7494-68515

Die Schwälbler
Yasmin Mai-Schoger
ISBN: 978-3-750-411982

Ach, Alm
Yasmin Mai-Schoger
ISBN: 9783 752 606096

Frau Wirbelwusch
Yasmin Mai-Schoger
ISBN: 9 783750 437722

Frau Wirbelwusch ist wieder da
Yasmin Mai-Schoger
ISBN: 978

Die Schwälbler - Onderweags
Yasmin Mai-Schoger
ISBN: 9783753 421339

Palukes für die Seele
Yasmin Mai-Schoger
ISBN: 9783 749 453863

Burg Achalm
Andreas Kec
ISBN: 9 798564 877770
Independently published

Die Harznoks
Yasmin Mai-Schoger
ISBN: 978 3751951463

Den passenden Kuchen finden Sie hier:

Köstlichkeiten aus dem Banat
Traditionelles aus Siebenbürgen
Spezialitäten aus Rumänien

Versuchen Sie auch unsere Baumstriezel
in vielen Variationen

Auf der Suche nach veganem Kuchen?
Sprechen Sie uns einfach an!

Freunde griechischer
Spezialitäten werden hier fündig:

Tsimpo Café Konditorei

Frösnerstraße 6
70372 Stuttgart

Gustav-Groß-Straße 2
72760 Reutlingen

Leckere Torten für jeden Anlass –
egal ob für Hochzeit, Geburtstag
oder Taufe – auch individuell mit Foto,
ganz nach Ihren Wünschen!